COUP D'ŒIL

SUR

L'ORDONNANCE DE 1681.

COUP D'ŒIL

SUR

L'ORDONNANCE DE 1681,

PAR

LOUIS JACQUES,

Commissaire des Classes de la Marine, Président de la Société d'Agriculture, du Commerce et des Arts de Calais, Membre correspondant de la Société de Littérature, Sciences et Arts de Rochefort, et de plusieurs Sociétés agricoles.

> *Dieu des mers! il est temps de sourire aux Français.*
>
> GRÉE, poëme de la navigation.

CALAIS.

LE ROY FILS, IMPRIMEUR-LIBRAIRE,
rue des Boucheries.

1821.

AVERTISSEMENT.

L'OPUSCULE que j'offre aujourd'hui au public n'est point de nature à intéresser un grand nombre de lecteurs ; aussi aurais-je renoncé au projet de le livrer à l'impression, si je n'avais pensé que ce serait peut-être enlever à des plumes plus habiles l'occasion d'appeler l'attention du gouvernement sur une partie importante de la législation maritime. J'ai tout lieu de croire, d'ailleurs, que le plus sûr moyen d'être agréable à ses compatriotes, c'est de s'occuper de questions qui intéressent la prospérité du commerce, et par suite la puissance et la gloire de la France ; et alors même que les vues que je soumets à l'examen des hommes habiles à en connaître, ne seraient point accueillies, j'en serais en quelque sorte dédommagé par le sentiment qui me dirige, c'est-à-dire, par le besoin que j'éprouve sans cesse d'être utile à mon pays.

COUP D'ŒIL

SUR

L'ORDONNANCE DE 1681.

« Les lois, comme l'a dit notre grand publi-
» ciste, (*) sont les yeux du prince : il voit par
» elles ce qu'il ne pourrait pas voir sans elles ; »
mais en France elles sont tellement nombreuses, qu'il semble que ce soit pour nous que *Tacite* ait dit dans ses Annales : « à présent, nous sommes
» plus tourmentés par les lois, que nous ne
» l'avions été autrefois par les vices. »

La marine est peut-être, sous ce rapport, de toutes les parties de l'administration publique, celle qui réclame le plus impérieusement l'auguste et constante protection du souverain. Délaissée, en quelque sorte, pendant plus de trente ans, elle

(1) Montesquieu, Esprit des lois.

n'a point, comme les autres branches de service, fixé assez particulièrement l'attention du gouvernement, et dès-lors elle n'a obtenu aucune de ces améliorations qu'amène le temps, que commande l'expérience, selon la nature des circonstances et des événemens. Des lois, des décrets, des décisions, se sont succédé sans cesse avec une étonnante profusion, et il est résulté de cette multiplicité d'actes, nécessairement incohérens, un ensemble vicieux, une législation incomplète autant que prolixe, une bizarre anomalie plus propre à anéantir qu'à consolider la meilleure institution, et dont l'existence finirait par étouffer le germe de ces conceptions heureuses, capables d'augmenter la prospérité des peuples et de consacrer la gloire des époques. Ecoutons, à cette occasion, *Montaigne*, d'accord sur ce point avec *Tacite :*

« Il y a peu de relations qui sont en perpétuelle » mutation avec les lois fixes et mobiles. Les plus » désirables, ce sont les plus rares, plus simples » et générales. Et encore crois-je qu'il vaudrait » mieux n'en avoir pas du tout, que de les avoir » en tel nombre que nous les avons. »

Il n'existe certainement point un seul individu en France, au moins parmi ceux que l'égoïsme ou la légèreté n'a pas dépouillés de tout caractère national, dont le cœur ne se soulève à l'idée de voir la France *feudataire* de nos superbes voisins, qui, dans leur ambition, qu'ils ne daignent pas dissimuler, visent à la souveraineté exclusive des mers. Il n'est pas un Français qui ne reconnaisse le besoin de revivifier notre marine militaire, appelée à concourir à l'accroissement de la fortune publique, par la protection dont elle entoure le commerce ; elle est essentielle à notre dignité, puisqu'elle seule nous peut maintenir au rang qui nous appartient parmi les nations maritimes du premier ordre.

Un de nos députés (1) a dit à la tribune :

« Pour faire arriver la marine au plus haut » dégré de gloire et d'utilité, il ne suffit pas seu- » lement de faire construire des vaisseaux, de les » armer, de les équiper ; il faut encore des régle- » mens sagement combinés ; une harmonie sou- » tenue dans les dispositions législatives, un » accord parfait dans les mesures, une régularité » constante dans le mécanisme des opérations ; il » faut surtout encourager le personnel par les » récompenses que le talent et la bravoure ne » reçoivent pas toujours. »

Nous ne pouvons nous dissimuler en effet que la force des états dépend en grande partie de la sagesse des principes en législation, et que, vicieux,

(1) M. *Leseigneur*, discours sur le budget de la marine de 1820.

ils entraînent des maux incalculables ; c'est une de ces vérités qui trouvent leur application dans l'ensemble comme dans les détails de l'administration générale, et qui se rattachent en particulier à la marine. Si nous suivons ses différentes phases depuis son enfance, nous reconnaîtrons que nos succès ou nos désastres sur mer dérivent de la fixité ou de la versatilité, de la sagesse ou de l'imperfection des dispositions réglementaires ; c'est-à-dire qu'en France, comme chez les autres puissances maritimes, la gloire des armées navales est en raison directe de l'état de sa législation.

Il ne s'agit plus de marcher, comme on l'a fait, d'innovation en innovation, mais de s'éclairer du flambeau de l'expérience ; il faut non pas détruire, pour le recomposer, l'édifice sur lequel repose le mécanisme de l'administration ; mais seulement le consolider, en le modifiant selon les besoins.

Avant Louis XIV, la France ne possédait ni une marine importante, ni droit maritime proprement dit ; ce ne fut que sous le règne de ce monarque que la nation acquit la mesure de ses forces et de ses ressources comme puissance maritime. Il fallut l'impulsion du génie et de la grandeur pour arracher la France à cette incurie que l'antiquité n'avait pas connue pendant les beaux siècles de sa civilisation. Cependant nous devons dire que les Romains, qui ont eu tant de succès et tant de gloire, étaient plus faibles sur mer que les Carthaginois; nous ajouterons même qu'ils n'avaient aucune connaissance en marine. L'art de la navigation ne date réellement que du treizième siècle, époque de l'invention de la boussole, attribuée mal à propos à *Flavio-Gioja ;* et l'invention de la poudre n'a pas peu contribué à ajouter aux avantages de cette première découverte.

Quoi qu'en ait dit Aristote, « qu'il était inutile » d'avoir un corps de mariniers, et que les la- » boureurs suffisaient pour cela, » il n'en est pas moins avéré que si les anciens n'avaient que des connaissances bornées en marine, les Grecs possédaient des lois maritimes. Celles de Rhodes furent adoptées par les empereurs romains; des mêmes sources sortirent les lois du consulat de la mer, reconnues par les peuples de la Méditerranée, et les jugemens d'Oléron servirent de règle aux transactions maritimes sur les côtes occidentales de l'Europe, comme les ordonnances de Wisbuy sont encore le pacte fondamental de ces transactions sur la mer Baltique ; mais cette jurisprudence, entachée de vétusté, ne convenait plus ni à nos usages, ni à nos mœurs, et c'est ce qui fit concevoir à Louis XIV l'idée de poser de nouvelles bases, pour régler les formes de l'administration. Cet essai fut un véritable coup de maître. Les ordonnances de 1681 et 1689 sont comptées au nombre des belles conceptions de ce siècle, et l'on pourrait avancer que les brillans succès de nos armées navales, dans ces temps de prospérité, furent en quelque sorte la conséquence de la législation sage et prévoyante qui régissait alors notre marine. « Il faudrait des dieux, selon » Rousseau, pour donner des lois aux hommes. »

Louis XIV, en mettant ses forces maritimes sur le même pied que celles de terre, les rendit également redoutables, et cette haute conception qui assura la gloire de son règne, fonda la prospérité de notre commerce maritime. Ce fut donc à cette pensée, qui embrasse de si grands intérêts, que nous devons l'ordonnance de 1681, admirable législation, que le temps et les événemens n'ont pu livrer à l'oubli, qui a fourni les élémens de notre code actuel de commerce, et une foule d'autres dispositions qui sont encore en pleine vigueur.

Mais on se demande, avec raison, comment il se fait que, reconnaissant l'excellence de ce monument de législation, on se soit plu à le morceler, à l'appauvrir, au lieu de le restaurer, pour le mettre en harmonie avec notre système constitutionnel? N'eût-il pas été plus sage, en effet, de réviser cette ordonnance, de la modifier, pour la maintenir en un seul corps et centraliser les attributions, que de la mutiler et de lui retirer ainsi les avantages qui découlaient de son ensemble? Comment, dans l'état actuel des choses, serait-il possible à l'administrateur le plus instruit, le plus zélé, de se reconnaître au milieu d'une involution de décisions dont les erremens s'entre-choquent comme les flots d'une mer agitée!

Nous ne pouvons désirer et vouloir que le bien; il est donc de notre devoir de nous attacher à simplifier les formes de l'administration, à les dégager de ces superfluités qui, suivant l'expression de Mirabeau, *sont un crime contre la société;* nous parviendrons ainsi à l'économie, à laquelle surtout nous devons tendre : elle sera le produit de lois sagement combinées et invariables dans leur exécution.

Pour atteindre ce but, il ne s'agit pas de créer; car les ordonnances de 1681, 1689, 1784 et 1786, ainsi que plusieurs autres, offrent des matériaux précieux qu'on peut mettre en œuvre avec discernement, c'est-à-dire, en écartant de la nouvelle législation ce que l'expérience a démontré ne pouvoir être appliqué à l'époque présente; et en y ajoutant ce que les changemens survenus dans les diverses parties de l'administration publique, semblent, dans le temps actuel, nécessiter. Mais pour obtenir un tel résultat, il faut s'identifier avec cet axiôme:

que sans marine pas de commerce ; sans commerce pas de prospérité, et partant point de bonheur pour le peuple, ni de gloire pour le souverain ; car la prépondérance des nations maritimes ne prend sa source que dans la force des gouvernemens.

Cette proposition, si hautement proclamée par les faits, ne paraît susceptible d'aucune sérieuse réfutation. Il est donc urgent de travailler à la restauration de la marine royale. On est d'accord sur cette nécessité : la divergence d'opinions ne se fait sentir que relativement aux moyens d'exécution.

Ce serait ici, par rapport à la prospérité du commerce, l'occasion de rappeler l'opinion des anciens. *Platon* trouvait que le commerce corrompt les mœurs pures et qu'il polit et adoucit les mœurs barbares; *César*, comme les Patriciens de Rome, repoussait le commerce, en assurant que les Gaulois, vainqueurs des Germains, n'avaient dû plus tard leur infériorité qu'au commerce de Marseille ; mais nous n'en conclurons pas que ces opinions soient les meilleures ; nous les repousserons au contraire pour ne suivre que les leçons de l'expérience. Quoi qu'en aient dit *Platon* et *César*, nous répéterons avec Montesquieu :

« Le commerce guérit des préjugés destruc-

» teurs ; et c'est presqu'une règle générale que
» partout où il y a des mœurs douces, il y a du
» commerce, et que partout où il y a du com-
» merce, il y a des mœurs douces. »

Nous n'imiterons point ces hommes à projets qui présentent leurs vues comme seules efficaces pour retirer notre marine de l'état d'anéantissement où elle est plongée. Nous devons rendre justice, malgré tout, au ministre qui dirige actuellement ce département, et qui s'attache à relever nos forces maritimes, autant que les allocations qui lui sont faites annuellement peuvent le lui permettre. Mais, s'il nous est permis de ne point farder la vérité, de toucher le mal du bout du doigt, pour nous servir d'une expression vulgaire, nous demanderons si le premier objet qui devrait frapper le ministère, ne serait point le besoin que nous éprouvons de statuts clairs et précis qui éloignassent l'arbitraire ? s'il ne conviendrait point, pour y parvenir, d'abroger les lois, décrets et décisions qui ont inondé la France depuis vingt-cinq ans, après toutefois en avoir recueilli les dispositions appropriées à notre situation actuelle, et de les refondre avec celles des anciennes ordonnances qui devraient être conservées, pour ne faire qu'un tout homogène qui deviendrait le code maritime ?

Rappelons-nous, d'une part, lorsqu'il est question de lois, cet axiome d'*Épicure* : « Les

» lois sont si nécessaires, que sans elles les hommes » s'entre-mangeraient les uns les autres ; » et cherchons, de l'autre, par la fixité de nos dispositions législatives, à repousser cette pensée de *Montaigne :* « il n'est rien sujet à de plus » continuelles agitations que les lois. »

Revenant à l'objet que nous avons en vue, nous avancerons, sans crainte d'être contredits, que la concentration que nous demandons, aurait le double avantage de simplifier les opérations, et d'éclairer plus sûrement les administrateurs, en les rendant aptes indistinctement à diriger chacun des nombreux détails dont se compose l'administration proprement dite de la marine.

Il serait inutile sans doute d'entrer dans de grands développemens pour démontrer tous les avantages qui résulteraient, pour la marine, d'une mesure semblable ; ils frappent au premier coup d'œil et ne peuvent manquer de se présenter à la pensée de tous ceux qui raisonnent.

. . . . . . Les sceptres des rois
N'ont que des pompes inutiles,
S'ils ne sont appuyés par la force des lois.

MALHERBE.

Nous bornerons donc ici nos observations générales, pour nous appliquer plus spécialement à l'examen de l'ordonnance de 1681, dont le mérite n'a été contesté dans aucun temps, ni par aucune puissance maritime.

Convient-il, ou non, de rétablir les amirautés?

Telle est la première question qu'on se fait à cette occasion. Soumise, à diverses époques, au jugement d'hommes instruits, elle a été résolue négativement, parce qu'en effet le rétablissement des sièges et des attributions d'amirautés, tels qu'ils existaient avant leur suppression, ne convient pas plus à la forme actuelle de notre gouvernement, qu'aux intérêts de l'état et du commerce. Nous devons déclarer franchement que nous partageons sans réserve cette opinion.

La charge de Grand Amiral n'avait été créée primitivement que pour donner un apanage au prince du sang institué en cette qualité. Il est de fait que ce qui était bon alors pourrait être vicieux maintenant; car il n'est que trop vrai que, plus que jamais, nous devons ménager les intérêts de l'état et accorder surtout une protection spéciale au commerce maritime, trop rarement florissant en France; or, il est certain que la multiplication des places entraîne la multiplication des charges, et qu'elle a presque toujours lieu sans compensations, parce qu'elle est sans aucun but d'utilité publique.

On pourrait se demander comment le gouvernement avait pu anciennement livrer la distribution de la justice à ses amiraux, et les autoriser à percevoir à leur profit des droits qui pouvaient augmenter leur prépondérance d'une manière dangereuse, surtout dans ces temps où notre territoire était divisé en tant de *seigneuries suzeraines ;* tandis que ces droits, s'ils eussent été versés dans les caisses publiques, auraient, dans des temps difficiles, augmenté les ressources nationales, pour construire et armer des vaisseaux, dont le nombre ne fut jamais en proportion avec la dignité et les besoins de la France.

Les deux premières charges du royaume, il est vrai, celles de *connétable* et d'*amiral* furent supprimées en 1626. La première le fut sans retour, par des mesures d'économie ; mais la seconde ne tarda pas à être rétablie avec toutes les conséquences que nous signalons : le titulaire prenait seulement la dénomination de grand-maître-chef et surintendant de la navigation.

Irons-nous aujourd'hui, au point où en est la société, rétrograder vers de gothiques institutions, qui, fussent-elles bonnes en elles-mêmes, n'en seraient pas moins vicieuses dans la forme ?

Nous sommes loin cependant de penser que la charge d'amiral ne convienne point à notre monarchie constitutionnelle ; nous en reconnaissons, au contraire, sinon la nécessité absolue, du moins l'utilité évidente, parce qu'il est de la dignité d'une grande puissance d'entourer le trône de tout l'éclat de la majesté, et que la charte constitutionnelle, en consacrant le principe que toute justice émane du roi, que nul ne peut être distrait de ses juges naturels, et qu'aucun impôt, quel qu'il soit, ne peut être prélevé sans une loi, a tracé la limite qui garantit les droits publics de l'irruption de l'arbitraire.

D'ailleurs, au roi seul appartient la prérogative de régler les formes de l'administration et de déterminer, sur l'échelle qui lui convient, le traitement des premiers officiers de la couronne, comme de l'affecter sur telle ou telle perception légale; bien entendu que l'excédant de cette perception doit toujours rentrer dans les caisses du trésor, dont les besoins sont si multipliés, pour augmenter d'autant le dégrévement des impôts directs, ou pour employer les bras des malheureux à l'exécution de travaux utiles.

De ce que nous venons de dire, nous conclurons que si, d'un côté, il est nécessaire à l'éclat du trône que la dignité d'amiral existe comme moyen de faire honorer notre marine et de la réhabiliter enquelque sorte, d'un autre côté, il serait incompatible avec nos formes actuelles d'accorder au prince revêtu de cette dignité les pouvoirs qui lui avaient été concédés dans le principe de sa création; mais nous insisterons sur les avantages qui résulteraient de l'ensemble établi par l'ordonnance de 1681 sur les amirautés ; et quoiqu'il y ait des vices à signaler dans cette législation, eu égard surtout aux institutions postérieures, nous ne pouvons néanmoins nous dispenser de convenir qu'elle présentait dans son ensemble des dispositions extrêmement sages, aussi favorables au commerce qu'à la marine.

Il serait difficile peut-être de déduire clairement les avantages du système actuel, qui, nous devons l'avouer, n'est pas sans imperfection, pour en faire la comparaison avec celui des amirautés ; mais, si ce n'est point un défaut que de dévoiler sa pensée toute entière, nous ne dissimulerons point que, dans l'état présent de notre organisation, le rétablissement de l'amirauté, telle qu'elle existait, en même temps qu'il entraînerait la subversion des principes consacrés par les lois fondamentales, serait contraire aux intérêts du commerce autant qu'à ceux de l'état.

Nous ne pouvons d'abord disconvenir qu'il est essentiel de ramener à un centre unique toutes les attributions de l'ordonnance de 1681, éparses maintenant dans un trop grand nombre d'administrations diverses. C'est un besoin que réclame le bon ordre, c'est le vœu général, c'est surtout celui de tous les hommes qui ont quelques connaissances administratives, et nous aimons à penser que nous devrons ce bienfait au ministre qui sut, dans des temps difficiles, concilier les intérêts de la marine avec ceux de la monarchie, et acquérir ainsi des titres à l'estime publique et à la reconnaissance du personnel de son département.

Nous devons le dire, la juridiction des officiers de l'amirauté était trop étendue ; on pourrait ajouter qu'elle était scandaleuse. Il faut un ordre de choses qui, en ramenant au même point de départ tout ce qui tient à la navigation, au commerce maritime, à la police des ports, à celle des pêches, etc., etc., établisse une démarcation entre le pouvoir judiciaire et le pouvoir administratif, lesquels, dans aucun cas, ne peuvent être confondus sans de graves inconvéniens, puisqu'il en résulterait que les fonctionnaires qui réuniraient des attributions si peu homogènes, seraient tout à la fois juges et parties.

L'examen des deux premiers titres de l'ordonnance qui nous occupe (les titres suivans n'en étant que la conséquence) nous conduira à indiquer ce qu'il serait possible d'adopter pour parvenir à centraliser les attributions sur un nouveau plan.

De l'Amiral.

La justice était rendue en son nom dans tous les siéges de l'amirauté. Il nommait aux offices de lieutenans, conseillers, avocats, procureurs, greffiers, huissiers et sergens aux siéges généraux et particuliers de l'amirauté ;

Il commandait les armées navales ;

Il percevait à son profit le dixième sur toutes les prises faites en mer, jouissait des droits d'ancrage, tonnes et balises, et du tiers des effets tirés du fond de la mer, ou jetés par les flots sur les grèves, etc., etc.

On voit par cette énumération combien peu serait en harmonie avec nos institutions actuelles un semblable ordre de choses, aussi devons-nous désirer que cette dignité soit maintenue dans les bornes où elle est maintenant ; avec d'autant plus de raison que, dans l'origine, la charge d'amiral n'avait été créée que pour l'équipement et le commandement des armées navales, comme celle de connétable l'avait été pour le commandement des troupes de terre, ainsi qu'on peut le voir par les ordonnances de 1400, 1517, 1543 et 1584.

De la compétence des juges de l'amirauté.

Ils connaissaient :

De la construction, des agrès et apparaux, de l'avitaillement et équipement, de la vente et adjudication des vaisseaux ;

Des chartes-parties, affrètemens ou nolissemens; connaissemens ou polices de chargement, engagement ou loyer de matelots;

Des polices d'assurances, obligations à la grosse et généralement de tous contrats concernant le commerce maritime;

Des prises faites en mer, des bris, naufrages et échouemens, du jet et de la contribution, des avaries et des dommages arrivés aux vaisseaux et marchandises;

Des droits de congé, tiers, dixième, balises, ancrages et de tous droits dévolus à l'amiral;

De la pêche en mer, dans les étangs salés et aux embouchures des rivières;

Des parcs et pêcheries, des rets et filets, et des ventes et achats de poissons;

Des dommages causés par les bâtimens de mer aux pêcheries construites, etc.; de ceux faits aux digues, quais, jetées, palissades, etc., et de la conservation des ports et rades dans leur profondeur et netteté;

De la levée des corps noyés en mer, sur les grèves ou dans les ports;

Des pirateries, pillages et désertion des équipages, et de tous crimes et délits commis sur la mer, ses ports, hâvres et rivages;

Ils recevaient les maîtres des diverses professions maritimes;

Ils connaissaient enfin en première instance des matières tant civiles que criminelles.

Une pareille agglomération a lieu d'étonner, lorsqu'on voit un magistrat, un comptable, un administrateur, réunis sous la même toge ; mais tout en reconnaissant que le système en vigueur ne présente point une semblable monstruosité, nous ne pourrons disconvenir qu'il offre d'autres inconvéniens qu'il eût cependant été possible de prévenir.

D'après le nouvel ordre de choses :

Les cours d'assises sont chargées de connaître des crimes ;

Les tribunaux correctionnels, des délits et infractions ;

Les juges de paix, de la police locale ;

Les commissaires de police, de la levée des cadavres ;

Les préfets, *sous-préfets et maires*, de la police des ports de commerce, et de la coupe du varech ;

Les ponts et chaussées, des phares, feux et balises, et des travaux des ports de commerce ;

Les affaires étrangères, des consulats ;

Les tribunaux de commerce, des transactions maritimes ;

La marine, de l'administration des prises, bris, naufrages et échouemens, et de la surveillance des pêches maritimes ;

Et *les douanes*, de la délivrance des congés de mer et actes de francisation et de la perception des droits de tonnage.

La question qui peut s'élever ici se réduit à savoir si la division, telle qu'elle existe et que nous venons de l'indiquer, peut offrir assez de garanties contre l'inexactitude; le défaut d'uniformité et de surveillance, susceptibles de nuire à la marche du service.

Si l'on excepte de cette nomenclature les attributions réservées à l'administration de la marine et aux tribunaux de commerce, deux branches qui réunissent ce qui composait autrefois chaque siége d'amirauté; si l'on excepte encore la connaissance des crimes, qui, dans l'état de notre législation, semble ne pouvoir appartenir qu'aux cours d'assises, à moins que, pour les navigateurs, il ne soit pourvu à la composition d'un tribunal spécial, ainsi que nous le proposons dans un mémoire sur la baraterie de patron, on conviendra qu'il est étrange de voir des élémens ressortissant à la même partie, disséminés entre tant de juridictions différentes.

Si le gouvernement se déterminait à rétablir les amirautés, il deviendrait donc indispensable d'apporter des modifications à l'ordonnance de 1681, notamment en ce qui concerne les attributions des officiers de l'amirauté; et tout porte à croire qu'il serait fait alors à cette législation d'heureux changemens qui la mettraient en harmonie avec les autres parties de l'administration publique. Si cependant ce n'était pas là la pensée du gouvernement, nous n'en resterions pas moins convaincus que la répartition autuelle est vicieuse ; qu'elle a pour résultat l'impunité d'un grand nombre de délits, et qu'il convient, dans l'intérêt de tous, de centraliser davantage les pouvoirs dévolus à un trop grand nombre d'autorités diverses.

En effet, s'agit-il des tribunaux correctionnels, qui sont plus ou moins éloignés des chefs-lieux de quartiers maritimes? D'abord, s'il est question d'infractions aux réglemens sur les pêches, de désertion à bord des bâtimens du commerce, d'insubordination ou de tout autre délit qui demanderait impérieusement à être jugé sans retard, il sera rarement poursuivi, tant à cause des formalités de la procédure, que par rapport à la distance qui sépare le tribunal du lieu du délit. Dès que la justice en est saisie, il est à craindre que la législation maritime, comme l'a prouvé l'un des défenseurs des accusés dans l'affaire du navire *la Louise*, du Hâvre, ne soit pas assez connue des juges, ou que les faits ne puissent pas être bien éclaircis par l'éloignement des localités. Mais dans tous les cas, un vice radical serait toujours attaché à ce genre de juridiction : c'est que la peine ne suivrait point assez promptement le délit ; car, pour imprimer au marin une crainte salutaire, il est surtout essentiel que le châtiment succède sans retard à la faute commise ; autrement une punition tardive ne produirait plus sur l'ensemble de la population maritime, l'effet que l'on doit s'en promettre dans l'intérêt général. D'un autre côté, l'homme de mer commande toute la bienveillance de ceux qui veillent à ses besoins ; et si, tout en reconnaissant la nécessité de sévir, ceux-ci s'aperçoivent que les frais de déplacement aggraveront d'autant la peine que le délinquant aura encourue, n'est-il pas à craindre que cette considération, jointe à l'état de sa famille, à sa position plus ou moins malheureuse, ne mette l'indulgence à la place du devoir, et n'assure ainsi le triomphe de l'impunité ?

En examinant de quelle manière la police des ports est faite en général par les maires, on sera convaincu que cette partie laisse beaucoup à désirer, parce qu'elle sort de leurs attributions naturelles, ou que, si elle s'opère convenablement, on le doit à la vigilance des administrateurs de marine, que leurs fonctions semblent appeler exclusivement à cette surveillance : il en est de même de toutes les autres attributions administratives qui ressortissaient aux amirautés.

Ce n'est donc que par un renversement de principes que les choses sont à cet égard telles qu'elles existent, et tout porte à croire que nous ne tarderons pas à voir la législation maritime établie sur les seules bases qui lui conviennent.

S'il est reconnu indispensable de centraliser les pouvoirs, en les divisant seulement entre deux corps constitués, il nous sera facile d'indiquer cette division, et c'est le but que nous nous proposons.

De ce que nous avons blamé dans l'ordonnance de 1681 la fusion des pouvoirs judiciaires et administratifs, il ne faut pas en induire que nous combattons l'établissement d'un tribunal d'amirauté. La nécessité de réprimer promptement les délits, et de faire rentrer la classe des marins dans l'obéissance qu'ils doivent aux lois, en les maintenant dans la subordination si essentiellement utile au service, serait un motif suffisant pour justifier cette création; aussi, sous ce point de vue, pensons-nous qu'il conviendrait d'organiser, au chef-lieu de chaque quartier maritime, un tribunal d'amirauté ou autre, qui connaîtrait de la partie judiciaire prévue par l'ordonnance.

Mais, nous le répétons, l'amirauté, telle qu'elle a été créée par l'ordonnance de 1681, ne doit et ne peut être établie sur les mêmes bases.

Il faut cependant un tribunal : où le prendre ?... Il existe déjà : les tribunaux de commerce sont constitués, il ne s'agit que de leur donner quelques attributions qui leur manquent.

Au tribunal de commerce, composé comme il est, on adjoindrait un juge de l'amirauté, pris en dehors de la classe des négocians et des navigateurs. Il serait choisi parmi les jurisconsultes.

Les juges actuels seraient considérés comme prud'hommes, et les juges-jurisconsultes n'auraient que voix consultative dans toutes les affaires touchant les intérêts purement commerciaux.

Les juges de l'amirauté, adjoints aux tribunaux de commerce, connaîtraient des délits, infractions, etc.

Les greffiers des tribunaux de commerce seraient tout à la fois greffiers du tribunal de commerce et de l'amirauté.

De cette manière, sans supprimer le tribunal de commerce et sans en établir un nouveau, on réunirait en un même corps toutes les fonctions judiciaires attribuées aux officiers des amirautés par l'ordonnance de 1681, sans enlever aux négocians l'avantage de faire juger leurs différens par leurs pairs, dans les affaires commerciales.

Il resterait alors aux juges particuliers de l'amirauté à connaître des délits et infractions commis dans les pêches, parcs et pêcheries ; sur la mer, dans les hâvres, sur les quais et rivages; des pillages, désertions, désobéissance de marins, etc., etc.; et comme ces détails se rattachent tellement au détail de l'inscription maritime, qu'ils en font en quelque sorte une des branches principales, les commissaires des classes pourraient remplir, près ces tribunaux, les fonctions de procureur du Roi, poursuivre les délits et réclamer l'application des peines.

Il suivrait de cet ordre de choses, que le rétablissement du tribunal d'amirauté ne nécessiterait l'augmentation, dans chaque quartier des classes, que d'un seul magistrat, dont le traitement, du reste, pourrait être pris sur la perception des droits de tonnage affectés aux dépenses des ports de commerce, afin d'éloigner ainsi la perception de ces droits répudiés par l'opinion, qui étaient connus sous la dénomination *d'émolumens*.

L'administration de la marine réunirait toutes les attributions éparses de police et d'administration, dévolues anciennement aux officiers de l'amirauté par l'ordonnance de 1681.

Outre que ce système rétablirait toutes les parties de ce service dans leur cadre naturel; que ces fonctions familières aux administrateurs de marine ne pourraient être que bien remplies, le commerce y trouverait la protection qu'il réclame, le navigateur, la justice et la sévérité qui peuvent faire aimer le gouvernement du roi ; et toutes les branches de l'administration, l'ordre qui contribue si puissamment à atteindre le but d'économie que se proposent tous les états ; et que la France en particulier doit rechercher avec plus de persévérance encore, à cause des calamités qui ont pesé sur elle.

Nous pourrions l'avancer avec certitude, il n'est point un négociant, un armateur, un marin, qui ne vît avec plaisir l'exécution de notre projet ; et s'il est soumis un jour à l'examen de quelques hommes d'état, nous aimons à penser qu'ils reconnaîtront avec nous, en balançant tous les intérêts, que la centralisation et la division des pouvoirs, telles que nous les proposons, sont conformes à nos besoins actuels et susceptibles de tourner au plus grand avantage du service.

L'administration de la marine, loyale dans tous ses rapports, ne connaît point ces perceptions clandestines qui peuvent jeter la déconsidération sur les agens qui les exercent ; les expéditions qu'elle délivre n'entraînent les négocians, les navigateurs, dans aucune espèce de frais, tandis qu'anciennement tout se payait plus ou moins, mais assez pour que le juge, le lieutenant, le procureur, le greffier de l'amirauté, etc., eussent chacun leur part dans ces émolumens, qui augmentaient d'autant leur traitement particulier.

Ce serait une chose digne d'attention de placer ici en regard les abus de l'ancien ordre de choses et les avantages du mode proposé. D'un côté, on verrait vexations, taxes arbitraires, entraves de toute espèce; de l'autre, régularité, célérité, justice, économie. Ce tableau, en éloignant l'idée de reproduire le passé, ferait sentir la nécessité de réformer le présent; car il ne faut pas se le dissimuler, celui-ci ne convient guère mieux que l'autre sous le rapport de l'ordre. Le bien du service et les intérêts du commerce souffrent également de cette division d'attributions de même nature, entre huit ou dix autorités différentes. Il est donc indispensable de centraliser toutes ces parties éparses entre les juges d'amirauté et de commerce, pour tout ce qui est judiciaire, et l'administration de la marine pour tout ce qui est police et purement administratif; c'est la marche qui paraît la plus naturelle, en même temps qu'elle réunit la plus grande somme d'avantages dans l'intérêt général.

Nous ne nous dissimulerons point que les vues que nous venons de présenter sommairement, demanderaient des développemens plus lumineux; mais ce serait l'objet d'un long travail que nous nous dispenserons d'entreprendre; notre but se borne à indiquer ce qui nous paraît propre à fixer l'attention du ministère de la marine, et des hommes qui se font un devoir de consacrer quelques veilles au bien-être de leur pays ; et nous serons heureux si, appréciant les motifs qui nous dirigent, on prend en considération le sujet que nous avons profondément médité, quoiqu'il soit présenté dans un cadre trop étroit, et rédigé peut-être avec trop de précipitation.

Si donc notre projet était accueilli, c'est-à-dire, si les attributions de l'amirauté, telles qu'elles ont été réglées par l'ordonnance de 1681, étaient centralisées entre les tribunaux de commerce et l'administration de la marine, il conviendrait alors de déterminer le mode de perception des droits de tonnage, de congés et de francisation, qui, dans ce cas, devrait s'opérer par les soins de l'administration de la marine, pour ne point s'écarter de l'unité que nous cherchons à établir. Pour cela, il paraîtrait tout simple, et surtout moins onéreux au gouvernement, de supprimer dans l'administration des douanes les places de commis à la navigation, créées pour ces perceptions, et de charger les trésoriers des invalides de la marine, moyennant une modique taxation, de toutes les recettes de cette nature.

En effet, l'administration de la marine étant chargée de la police et de tout ce qui est administratif, il serait conséquent de donner aux commissaires à l'inscription maritime le soin de faire opérer ces recettes, surveillance qu'ils ont exercée précédemment, après la suppression des amirautés, et dont les fonds, versés d'abord dans la caisse des invalides, sous le titre de comptabilité *amirauté et commerce*, seraient reversés ensuite dans les caisses des receveurs d'arrondissement par les trésoriers, tenus du reste d'ouvrir des registres particuliers pour cet objet, comme ils en ont pour les *prises maritimes, les invalides* et *les gens de mer.*

Cette mesure, en complétant le système de centralisation que réclame le bien du service, aurait le triple avantage de réduire le nombre des agens au strict nécessaire, de diminuer les charges de l'état et celles du commerce, et de placer les comptables, pour cette partie des revenus publics, sous la surveillance des commissaires à l'inscription maritime et de l'administration de la marine, comme ils le sont pour les autres parties du service.

D'après ces considérations, qui nous paraissent militer suffisamment en faveur de notre projet, il pourrait être déterminé que,

1°. Les tribunaux de commerce établis dans les chefs-lieux de quartiers maritimes, prendraient désormais la dénomination de *tribunaux d'amirauté et de commerce.*

2°. Un juge choisi parmi les jurisconsultes serait adjoint à chacun de ces tribunaux, sous le titre de juge particulier de l'amirauté et du commerce.

3°. Les juges actuels des tribunaux de commerce seraient appelés juges prud'hommes d'amirauté et de commerce.

4°. Les juges particuliers de l'amirauté et du commerce assisteraient à toutes les audiences; toutes les affaires leur seraient communiquées; mais ils n'auraient que voix consultative pour tout ce qui serait du ressort des juges prud'hommes.

5°. Les juges particuliers et les juges prud'hommes des tribunaux d'amirauté et de commerce, ne pourraient connaître que des affaires purement judiciaires, prévues par l'ordonnance de 1681.

6°. Les attributions des juges particuliers comprendraient,

1°. La réception des procès-verbaux des prises faites en mer, des bris, naufrages et échouemens, et des inventaires des effets délaissés dans les vaisseaux par ceux qui meurent en mer, (art. 3. liv. 1er. tit. 2.)

2°. Les délits en fait de pêche maritime, dans les étangs, etc. (art. 5. *id. id.*)

3°. Les dommages causés par les bâtimens de mer, etc. (art. 6. *id. id.*)

4°. Les dommages causés aux quais, digues, etc., etc. (art. 7. *id. id.*)

5°. La levée des corps noyés. (art. 8. *id. id.*)

6°. Les pillages, désertions au commerce, etc. (art. 10. *id. id.*)

7°. La réception des rapports de mer, des procès-verbaux de visite de bâtimens, des procès-verbaux d'installation d'huissiers, visiteurs, etc.

7°. Les juges prud'hommes connaîtraient:

1°. Des ajournemens et délais. (tit. 12. liv. 1er.)

2°. De la saisie et vente de vaisseaux, autres que ceux échoués ou naufragés, et de la distribution du prix. (tit. 14.)

3°. Des contrats maritimes. (liv. 3.)

4°. Des contrats à grosse aventure au retour et au voyage. (tit. 5. liv. 3.)

5°. Des assurances. (tit. 6. liv. 3.)

6°. Des avaries. (tit. 7. liv. 3.)

7°. Du jet et de la contribution. (tit. 8. liv. 3.)

8°. Les juges particuliers de l'amirauté seraient assistés à leurs audiences de deux juges prud'hommes, qui toutefois n'auraient que voix consultative pour tout ce qui serait du ressort des juges particuliers de l'amirauté.

9°. Les commissaires à l'inscription maritime dans chaque chef-lieu de quartier, rempliraient près les juges particuliers de l'amirauté les fonctions de procureur du Roi; ils poursuivraient les délits, dénonceraient les infractions aux réglemens sur les pêches, parcs et pêcheries; la désertion, la désobéissance et l'insubordination des marins employés au commerce ; et réclameraient l'application des lois. Ils assisteraient à la rédaction des procès-verbaux de prises, naufrages et échouemens, etc.

10°. Les greffiers des tribunaux de commerce seraient aussi greffiers de l'amirauté, et les grefs seraient sous la surveillance spéciale des juges particuliers.

11°. A compter d'une époque déterminée, les attributions des ci-devant officiers de l'amirauté, réparties maintenant entre diverses autorités civiles, judiciaires ou administratives, devraient rentrer exclusivement dans le ressort de la marine, suivant la distinction des pouvoirs appelés à en connaître, ainsi qu'il serait fixé.

12°. La police et la partie administrative de l'ordonnance de 1681 feraient partie des attributions de l'administration de la marine, qui serait chargée en conséquence :

1°. De la délivrance des congés de mer, actes de francisation et autres, sur certificats de jaugeage du greffier de l'amirauté et du commerce, extraits des procès-verbaux déposés aux greffes ;

2°. De la police des gens et bâtimens de mer ;

3°. De l'administration des prises faites par les bâtimens de l'état et par ceux du commerce ;

4°. De la police des ports, côtes, rades et rivages de la mer ;

5°. De l'administration des bris, naufrages et échouemens ;

6°. De la police des pêches, parcs et pêcheries, et de la coupe du varech;

7°. De la comptabilité des droits de congés et autres, qui pourraient être établis sous le titre amirauté et commerce.

13°. Les trésoriers des invalides de la marine seraient chargés de la perception des droits, comme l'étaient autrefois les receveurs de l'amiral.

14°. Dans les chefs-lieux d'arrondissement et de sous-arrondissement maritime, il y aurait un tribunal d'appel qui jugerait en dernier ressort les affaires correctionnelles des tribunaux d'amirauté des quartiers maritimes.

15°. Ce tribunal d'appel, composé d'un conseiller d'amirauté et de deux conseillers prud'hommes, prendrait la dénomination de *tribunal supérieur d'amirauté et de commerce.*

16°. Le conseiller d'amirauté, comme les juges particuliers, serait choisi parmi les jurisconsultes, et les conseillers-prud'hommes parmi les anciens négocians et armateurs.

17°. Le contrôleur ou sous-contrôleur de la marine remplirait, près de chaque tribunal supérieur d'amirauté et de commerce, les fonctions de procureur du roi.

18°. Le greffier du tribunal ordinaire d'amirauté

et du commerce remplirait les mêmes fonctions près le tribunal supérieur.

Nous n'avons pas la présomption de donner cet aperçu comme une conception exempte de réfutation ; mais la marche que nous indiquons, en divisant toutes les attributions de l'ordonnance de 1681 en trois classes,

1°. Judiciaires maritimes,

2°. Judiciaires commerciales,

3°. Police et administration,

nous paraît d'autant plus convenable, qu'il en résulterait, en quelque sorte, une chaîne entre les divers agens appelés à agir de concert, et en même temps une rivalité réciproque qui assurerait le service, en fondant un contrôle des unes par les autres.

Donner de plus grands développemens à cette proposition, ce serait peut-être lui faire perdre de sa simplicité : on la saisit promptement, et elle n'a besoin d'aucun commentaire. Il est clair, ainsi que nous l'avons déjà dit, que le pouvoir judiciaire ne peut être cumulé avec le pouvoir administratif, et notre plan se concilie éminemment avec ce principe avoué de tout le monde. Ce projet semble encore avoir sur l'ancien système un grand avantage, puisqu'il présente une division de pouvoirs suivant les règles de l'ordre et de la justice, et qu'il éloigne ainsi jusqu'à l'idée de l'arbitraire. Il ne paraît pas moins préférable à l'organisation actuelle, en ce sens, qu'il centralise les attributions qui exigent la centralisation dans l'intérêt du service, et qu'il prévient un grand nombre de délits.

En y regardant avec intention, on s'apercevrait que depuis la suppression des amirautés, tout ce qui tient aux pêches, aux pillages, aux désertions, etc., est resté sous l'empire d'abus qu'il est temps enfin de détruire, pour ramener toutes les parties du service public à la régularité et à l'ordre qui constituent la force morale des gouvernemens, et qui sont la base de toute bonne administration.

Si, comme il n'est que trop vrai, les pêches sont moins abondantes et diminuent encore chaque jour, ne devons-nous point en accuser principalement l'absence de tribunaux *ad hoc*, pour punir les infractions aux sages réglemens qui régissent cette branche d'administration? Pour cet objet, nous savons que le gouvernement s'occupe d'un projet de loi portant établissement de prud'hommes pour les pêches maritimes, à l'instar des conseils déjà en exercice dans quelques ports de la Méditerranée, et il suffirait alors de s'accorder sur les moyens d'étendre leur juridiction d'après les bases que nous indiquons.

Ne devons-nous point déplorer surtout l'impunité du délit de désertion au commerce, qui se multiplie d'une manière si effrayante, qu'il compromet dans les pays lointains les intérêts de la métropole ?

Notre projet remédierait en partie à ces graves inconvéniens, et nous nous flattons que s'il ne pouvait être accueilli dans tous ses points, quelques-unes, au moins, de ses dispositions, paraîtraient de nature à éveiller l'attention du ministère; car, par exemple, s'il existait dans chaque chef-lieu de quartier maritime une autorité qui connût des délits de pêche et de désertion, le même tribunal pourrait être chargé des punitions de simple police parmi les marins et ouvriers en inactivité chez eux, ou employés au commerce, et dès-lors les administrateurs de marine ne seraient plus exposés à se voir taxer d'arbitraire, lorsque dans l'intérêt du service, ils se conforment aux usages ou à d'anciens réglemens, en infligeant eux-mêmes ces punitions.

Du reste, le bien du service est le seul motif qui ait inspiré ce projet ; et si l'auteur s'est laissé séduire par ses propres idées, au point de présenter un système qui ne serait pas susceptible d'exécution, il ose espérer que la bienveillance lui fera grâce en faveur des sentimens qui l'ont dirigé.

FIN.

www.ingramcontent.com/pod-product-compliance
Ingram Content Group UK Ltd.
Pitfield, Milton Keynes, MK11 3LW, UK
UKHW020952220726
13924UKWH00002B/648

9 782014 457728